Nawaz Sharif
Fahd Shah
Mahir Rehman

PAPEL DOS PROFESSORES NO ACONSELHAMENTO DE CARREIRA A NÍVEL DO ENSINO SECUNDÁRIO

Nawaz Sharif
Fahd Shah
Mahir Rehman

PAPEL DOS PROFESSORES NO ACONSELHAMENTO DE CARREIRA A NÍVEL DO ENSINO SECUNDÁRIO

Carreira, Aconselhamento, Escola, Professor

Imprint

Any brand names and product names mentioned in this book are subject to trademark, brand or patent protection and are trademarks or registered trademarks of their respective holders. The use of brand names, product names, common names, trade names, product descriptions etc. even without a particular marking in this work is in no way to be construed to mean that such names may be regarded as unrestricted in respect of trademark and brand protection legislation and could thus be used by anyone.

Cover image: www.ingimage.com

This book is a translation from the original published under ISBN 978-620-7-47909-2.

Publisher:
Sciencia Scripts
is a trademark of
Dodo Books Indian Ocean Ltd. and OmniScriptum S.R.L publishing group

120 High Road, East Finchley, London, N2 9ED, United Kingdom
Str. Armeneasca 28/1, office 1, Chisinau MD-2012, Republic of Moldova, Europe
Printed at: see last page
ISBN: 978-620-7-95116-1

Dedicado

Para

Os meus pais e os meus respeitados professores

Índice

2

CAPÍTULO 1

INTRODUÇÃO

1. Antecedentes do estudo

O ensino médio desempenha um papel importante no desenvolvimento do aluno (Política Nacional de Educação, 2009). É uma fase em que os alunos escolhem disciplinas que contribuirão para potenciais carreiras. As escolas secundárias, com aconselhamento profissional adequado, permitem que os alunos tenham carreiras bem sucedidas e uma vida próspera (WATSON, 2009). Os alunos do ensino secundário enfrentam um verdadeiro desafio para fazerem escolhas de carreira aceitáveis e seleccionarem disciplinas com base no interesse e na aptidão (Issa&Nwalo) 2008). A maioria dos diplomados do ensino secundário não recebe um bom aconselhamento profissional, o que conduz a baixos resultados e a dificuldades em obter as profissões ou carreiras desejadas (Maree, 2009).

Os professores desempenham um papel fundamental na oferta de aconselhamento profissional aos alunos (Khan, 2011). Os professores ajudam os alunos a escolher as disciplinas escolares adequadas às suas capacidades e que lhes permitirão ter carreiras de sucesso no futuro (Flayer & Adams, 2008). De acordo com Garrahy (2001), os professores são os principais fornecedores de aconselhamento de carreira, ajudando os alunos na seleção das disciplinas e fornecendo conhecimentos sobre a carreira. De acordo com Maree e Beck (2004), é pouco provável que os alunos com pouco ou nenhum incentivo de carreira por parte dos professores do ensino secundário consigam alcançar as carreiras que desejam no futuro. De acordo com Elizabeth (2012), os professores desempenham um papel nas decisões de carreira dos alunos do ensino secundário, fornecendo-lhes informações e aconselhando-os sobre a obtenção de tais empregos. Os professores avaliam as competências dos alunos, informam-nos sobre as matérias que estão a estudar e ensinam-lhes como avançar com as profissões que escolheram (Kisilu Kimani & Combo, 2012).

De acordo com Foskett et al. (2008), os professores são agentes importantes nas decisões de carreira dos alunos do ensino secundário. Afirmam que os professores moldam as atitudes e respostas dos alunos na preparação para as suas futuras carreiras. De acordo com Mudhovozi e Chireshe (2012), os professores têm um grande impacto nas decisões de carreira dos alunos porque lhes fornecem conhecimentos de carreira e assistência na seleção de disciplinas. Kniveton (2004) descobriu que os professores do ensino secundário servem de modelos e facilitadores para os alunos, orientando-os na seleção de uma disciplina com base nos seus pontos fortes e expectativas. Os professores do ensino secundário influenciam as atitudes dos alunos relativamente a profissões específicas e os alunos seguem normalmente esses percursos profissionais (Denga, 2004).

Nas escolas secundárias, os professores servem de guias. Informam os alunos sobre possíveis profissões e sobre os critérios de entrada e os resultados profissionais que podem esperar se escolherem essas carreiras (Dondo, 2006). Os professores têm um grande impacto nos objectivos profissionais dos alunos e nas suas escolhas profissionais finais. Os professores fornecem aconselhamento de carreira, estatísticas de carreira, seleção de tópicos e resultados de carreira (Shumba&Naong, 2012). Khan, Murtaza e Shifa (2012) afirmaram que os professores desempenham um papel significativo nas escolhas profissionais dos estudantes do ensino secundário. A sua influência é ainda mais visível na seleção das disciplinas escolares e nos detalhes da carreira. Consequentemente, os professores do ensino secundário servem de modelo para os alunos que decidem sobre uma carreira.

Os professores foram identificados como pessoas de recurso por Metheny et al. (2008)

para fornecer orientação profissional aos alunos. Os professores do ensino secundário, consciente ou inconscientemente, afectam as futuras carreiras dos seus alunos. De acordo com Swift (2009), os professores conhecem os seus alunos e escolhem as disciplinas com base nos seus interesses. De acordo com Goard (2000), os professores são extremamente benéficos para os alunos do ensino secundário porque lhes ensinam o que podem vir a ser no futuro. Segundo Kiani (2010), os professores das escolas paquistanesas dão conselhos informais de carreira aos alunos do ensino secundário e ajudam-nos a escolher profissões adequadas.

Os professores são fundamentais no apoio à orientação profissional dos alunos, de acordo com Howard et al.

(2009).

1.1 Declaração do problema

Pode presumir-se que os professores do ensino secundário desempenham um papel importante na identificação das suas preferências e aptidões profissionais e na procura de possíveis carreiras. Os investigadores investigaram o papel dos professores na orientação profissional no ensino secundário, que estavam interessados na importância dos professores na orientação profissional no ensino secundário.

1.2 Objectivos do estudo

1. A investigação procurará precisamente atingir os seguintes objectivos

2. Identificar a principal preocupação da orientação profissional com o futuro dos estudantes

3. Analisar os impactos do aconselhamento de carreira no desempenho dos

estudantes

4. Conhecer a importância da orientação profissional a nível do ensino secundário em Islamabad.

Delimitações do estudo

As delimitações do estudo foram as seguintes

1. Nível do ensino secundário.

2. Estudantes do ensino secundário.

3. Islamabade

Importância do estudo

A importância deste estudo consiste em explorar e analisar os impactos dos factores de orientação profissional em conformidade e tentar promover impactos positivos da orientação profissional no desempenho escolar dos estudantes a nível do ensino secundário, criando um ambiente confortável que beneficie os estudantes para a sua representação em qualquer fase do mundo. Também se tentou realizar seminários em ecrã para sensibilizar para a orientação profissional em Islamabad

Definições operacionais

Cuidador

A carreira é uma série de oportunidades de emprego interligadas, em que se desenvolvem competências em empregos ao longo do tempo.

Aconselhamento

O aconselhamento é um serviço profissional que consiste em ajudar indivíduos, casais, famílias ou grupos a enfrentar e gerir vários desafios pessoais, sociais e psicológicos. O objetivo do aconselhamento é ajudar o cliente a compreender e a resolver estas questões, melhorando a sua saúde mental e o seu bem-estar e facilitando o seu crescimento pessoal.

Aconselhamento profissional

O aconselhamento de carreira tem como objetivo ajudar os indivíduos a compreender e a navegar na carreira dos seus clientes, a tomar decisões informadas sobre as suas carreiras e a alcançar a realização profissional. Os principais elementos do aconselhamento de carreira incluem

CAPÍTULO 2

REVISÃO DA LITERATURA

2. Teorias de orientação profissional

Nora G (2008), clarificou várias especulações sobre o aconselhamento profissional, que podem ser descritas a seguir: Teorias de coordenação (traço/fator): Baseadas na ciência diferencial do cérebro, estas metodologias aceitam que o aconselhamento é basicamente um procedimento de liderança básica razoável em que os clientes são inquiridos pelo "profissional especializado" e depois coordenados para a oportunidade "mais adequada". A metodologia procura que a recolha de dados sobre o cliente e o universo de trabalho provoque mudanças de conduta (por exemplo, melhores capacidades básicas de liderança).

Esta hipótese foi criada por Parson em 1908. Hipótese de desenvolvimento: O caminho para ajudar um indivíduo a criar e a reconhecer uma imagem incorporada e suficiente de si próprio e da sua função no domínio do trabalho. A ideia central é que os indivíduos criam através de etapas ao longo da sua vida. Esta hipótese foi iniciada por Ginsberg et al. (1951), que propuseram três fases de vida que foram amplamente comparadas com a idade ordenada, e por Donald Super, que foi aluno de doutoramento de Ginsberg e criou um grande número de pensamentos de Ginsberg.

Hipótese da parte relacionada com a palavra (estrutura de oportunidades): Para além de uma minoria favorecida da população, as pessoas são (praticamente) obrigadas a selecionar as suas profissões por factores sociais que estão para além da sua capacidade de fazer alguma coisa, como por exemplo o sexo, a etnia e a classe social. Esta hipótese foi proposta pela primeira vez por Roberts (1968) como uma opção em contraste com as hipóteses de melhoria de carreira avançadas por Ginsberg e Super. Hipótese de aprendizagem da decisão e do aconselhamento em matéria de carreiras: As pessoas adquírem as suas inclinações através de uma série de encontros de aprendizagem; as convicções sobre si próprias e a ideia da sua realidade surgem através de encontros de instrução imediatos e sinuosos. As convicções sobre si próprias e a ideia que têm da sua realidade surgem através de encontros de instrução imediatos e sinuosos. A primeira hipótese (Krumholtz et al, 1976, Mitchell e Krumholtz, 1990) é também designada por hipótese da aprendizagem social da liderança profissional básica Especulações psicodinâmicas: (Krumholtz et al, 1976, Mitchell e Krumholtz, 1990)

Estas hipóteses são guiadas por esforços para compreender, dar significado e utilizar processos de pensamento, objectivos e impulsos singulares para ajudar a progredir na carreira. Anne Roe (1956) é a criadora desta hipótese. Hipótese da ligação em rede: De acordo com esta hipótese, os factores mais importantes na decisão relacionada com as palavras são as trocas relacionais realizadas em contextos de vizinhança. Esta hipótese foi iniciada por Law em 1981. As hipóteses acima expostas foram analisadas por Nora Gikopoulou (2008) e a nossa exploração será muito preocupada, mas não limitada, com a hipótese de aprendizagem da decisão e do aconselhamento de carreiras. Neste exame, é efectuado um processo distinto para investigar as variáveis que influenciam a execução de um estudante universitário.

O ponto fulcral desta análise é o facto de a execução dos alunos na avaliação intermédia estar relacionada com o enquadramento dos alunos, que inclui a sua metodologia em relação à correspondência, aos gabinetes de aprendizagem, ao aconselhamento adequado e à preocupação da família. Além disso, existe uma relação negativa entre o stress familiar e a execução dos alunos. Desta forma, nesta exploração, acabei por sublinhar que o aconselhamento legítimo tem um impacto na execução dos alunos. (Lazarus e Chinwe, 2011) realizaram uma investigação sobre o trabalho do conselheiro de orientação na melhoria da carreira e as suas descobertas foram que os conselheiros de orientação trabalham de forma independente e com diferentes professores para satisfazer as necessidades formativas, sendo tudo igual, incorporando aqueles com necessidades ou incapacidades únicas.

v Fundamentalmente, centram-se nas necessidades de formação académica, profissional e individual/social, tendo em conta todos os aspectos, incluindo os que têm necessidades extraordinárias.

Irregularidades no trabalho dos conselheiros de aconselhamento de ensaio fizeram com que alguns especialistas em instrução começassem a abordar o trabalho em desenvolvimento do conselheiro no que diz respeito a estudantes com necessidades únicas, particularmente no que diz respeito à sua melhoria profissional. Uma vez que o grau de felicidade que um indivíduo exala na vida está firmemente identificado com o tipo de carreira que ele escolhe e com outros exercícios de promoção profissional que se identificam com a manutenção e a progressão no trabalho, os conselheiros devem esforçar-se por abrir os seus alunos a alguns exercícios de melhoria da carreira, de modo a levá-los a escolherem efetivamente profissões, a prepararem-se para elas, a entrarem nelas e a progredirem nelas.

Verificou-se um impacto crítico na execução escolar dos estudantes que tinham recebido aconselhamento e administrações de orientação em comparação com os indivíduos que não o tinham feito. (Lazarus e Chinwe 2011) efectuaram um exame sobre os componentes que influenciam a execução dos estudantes e descobriram que as inclinações de aprendizagem dos estudantes, a participação nas aulas, as capacidades e requisitos de passagem, o impacto da idade e a orientação sexual são determinantes significativos da execução escolar. A basic investigation", (Irafasha) 2010) revelou-se com as descobertas que expressam que Algumas das questões no Ruanda identificadas com o aconselhamento profissional incorporam várias implicações do aconselhamento profissional, coordenação deficiente de exercícios institucionais, estatuto fixo de focos de carreira em organizações de ensino avançado e ausência de inquérito lógico metódico em relação à progressão na carreira.

Na sua maior parte, neste texto, pode muito bem constatar-se que existem alguns elementos que afectam a execução escolar dos alunos, por exemplo, a correspondência, os gabinetes de aprendizagem, o aconselhamento legítimo, o stress familiar, a dimensão da turma, os factores estatísticos, a inspiração, as inclinações de aprendizagem dos alunos, a participação nas aulas, as capacidades das secções e o essencial. Apesar do facto de

O aconselhamento encontra-se entre estes elementos, tendo sido conduzidas algumas explorações sobre o seu trabalho nos estudantes", tendo sido conduzidas algumas investigações sobre o seu papel no desempenho dos estudantes e havendo necessidade de conduzir mais investigações sobre o aconselhamento de carreira (Irafasha ,2010)

Problemas actuais da orientação profissional e da educação na escola

Atualmente, os alunos que abandonam a escola enfrentam uma situação mais difícil do que nunca, porque os rápidos avanços tecnológicos significam que os conhecimentos e as competências tradicionalmente ensinados na escola podem não estar adequadamente relacionados com as oportunidades de emprego do futuro imediato (Hirschi, 2018; Perry et al., 2010; Skorikov, 2007; Para atingir este objetivo, os decisores políticos de todo o mundo terão de dar prioridade às práticas de orientação profissional nas escolas e explorar a forma como os professores podem preparar melhor os seus alunos para o futuro (OCDE, 2004, 2011, 2018).

Tem-se tornado cada vez mais evidente que todas as escolas secundárias precisam de fornecer aos alunos orientação e aconselhamento de carreira adequados para os ajudar a tomar decisões informadas sobre um percurso de estudo e escolhas profissionais (Watts, 2013) - e muitas escolas estão agora a fazê-lo. No entanto, a qualidade e a eficácia dos serviços de orientação e aconselhamento de carreira variam muito entre escolas e sistemas (Loft et al., 2020; OCDE, 2004; 2011).

É fundamental que o pessoal responsável pela prestação desse apoio seja bem qualificado e possua as competências adequadas.

Na Austrália e nos Estados Unidos, já existem sistemas rigorosos de credenciação e licenciamento de profissionais de carreira, mas tal não é necessariamente o caso noutros locais.

Um exemplo é Hong Kong, onde as autoridades locais só agora estão a trabalhar arduamente para elevar o nível de qualificações dos professores de sala de aula para realizar trabalho de orientação e aconselhamento de carreira (Wong & Yuen, 2019). Um inquérito global, com mais de 40.000 jovens em 150 países, constatou que 31% afirmaram que a educação que recebem atualmente na escola não os pode preparar para o local de trabalho (UNESCO, 2020; WorldSkills & OECD, 2019).

A mesma situação foi observada em Hong Kong (Shek et al., 2020). Um estudo realizado em 2019 inquiriu mais de 700 jovens e os seus professores de 103 escolas secundárias. As conclusões revelaram que, apesar do forte apoio do governo no desenvolvimento de currículos e recursos financeiros (sob a forma de um "Subsídio de Planeamento de Carreira e Vida"), até 30% dos estudantes opinaram que as suas escolas ainda pouco fizeram para incentivar o seu planeamento de carreira ou expô-los a várias vias e oportunidades relacionadas com o emprego (Federation of Youth Groups, 2019; Wong & Yuen, 2019).

Relação entre o apoio dos professores e o desenvolvimento da carreira dos alunos

Durante a fase da adolescência, os professores desempenham um papel importante ao influenciarem diretamente o desenvolvimento das aspirações de carreira dos alunos, a orientação futura, a exploração e o planeamento da carreira (Alm et al., 2019; Hirschi et al., 2011; Rogers & Creed, 2011; Smylie & Smart, 1990). Estudos empíricos encontraram múltiplos efeitos terapêuticos que o apoio do professor pode ter no planeamento e desenvolvimento de carreira dos alunos.

Estes incluem o desenvolvimento de aspirações profissionais positivas (Ali & McWhirter, 2006), a auto-eficácia profissional e as expectativas de resultados (Gushue & Whitson, 2006), as expectativas educativas (McWhirter et al., 1998) e as orientações para os interesses e objectivos relacionados com a escola (Wentzel, 1998). Os benefícios posteriores incluem a prontidão para a adaptabilidade da carreira (Atac et al., 2018; Kenny & Bledsoe,

2005) e os alunos antecipam menos barreiras educativas ou barreiras profissionais (Ali & McWhirter, 2006; McWhirter et al., 1998) e menos ansiedade de apego e

(Luzzo et al., 1999; Vogel & Wei, 2005). Em suma, um dos principais efeitos benéficos do CRTS é o facto de aumentar a experiência escolar positiva dos alunos e maximizar o seu empenho na aprendizagem, o que, por sua vez, aumenta as opções de planeamento da carreira (Lapan, 2004). Dada a importância do apoio dos professores em matéria de carreira (CRTS), uma análise específica deste domínio seria benéfica para melhorar as práticas de orientação e aconselhamento de carreira, tanto a nível do grupo como do

Factores que afectam o desenvolvimento da carreira

Tal como identificado pelas teorias de escolha de carreira acima referidas, uma variável importante que afecta a forma como as pessoas escolhem as suas profissões são os traços de personalidade. Holland (1987) argumentou que a escolha de uma profissão é uma expressão da personalidade e que os membros de uma profissão partilham caraterísticas de personalidade semelhantes.

O interesse profissional é um segundo fator que influencia a escolha de uma carreira. Um interesse pode ser concebido em termos de uma atividade em que um indivíduo se envolve pelo seu interesse, sem merecer uma recompensa externa. A recompensa está no desempenho da atividade que a pessoa realiza. A personalidade e o interesse não são os únicos critérios para a escolha de uma carreira.

A aptidão e as capacidades intelectuais de um indivíduo são igualmente de grande importância. Uma aptidão é um potencial de sucesso numa área depois de passar por alguma formação, mas um leigo pode definir aptidão como um talento para algo. O contexto em que as pessoas vivem, as suas aptidões pessoais e o seu nível de escolaridade são outros factores que influenciam a escolha da carreira profissional.

(Bandura Barbaranelli Caprara & Pastorelli 2001) Do mesmo modo, as competências e os valores também afectam as escolhas das pessoas. Os valores são princípios orientadores ordenados em termos de importância e que servem de normas para julgar e justificar as acções (Schwartz, 1992). Além disso, Osakinle e Adegoroye (2008) identificaram os seguintes factores que influenciam a escolha de carreira dos adolescentes: sexo, localização do autor da escolha, ambiente, influência da escola (pares e conteúdos curriculares) e

afiliação religiosa, educação dos filhos e valores familiares. Na opinião de Morris e Levinson (1995); Pierce, McDermott, & Butkus, (2003), embora a inteligência esteja associada à maturidade na carreira e ao desenvolvimento de competências para a tomada de decisões, outros factores para além das competências, capacidades e personalidade desempenham um papel importante no desenvolvimento e satisfação na carreira das pessoas com deficiência mental.

Factores como os interesses, as oportunidades sociais, as recompensas emocionais e os benefícios económicos influenciam as escolhas de carreira (da maioria dos adolescentes, incluindo os que têm limitações cognitivas) (Szymanski, Hershenson, Enright, & Ettinger, 1996). Além disso, Krumboltz, Mitchell e Jones (1976) opinaram que existem quatro factores que afectam a escolha de carreira dos indivíduos. Estes são: dotação genética e capacidades especiais (tais como

Aconselhamento individual e em grupo

Este é um serviço importante prestado a todos os alunos pelos conselheiros de orientação. As reuniões regulares com o conselheiro de orientação, quer para alunos individuais, quer para grupos de alunos com necessidades especiais, podem ser integradas no processo do PEI, para tratar das necessidades educativas e de aconselhamento, incluindo planos e actividades de desenvolvimento profissional.

O Modelo Nacional da Associação Americana de Conselheiros Escolares (ASCA,

2003) fornece um quadro para que os conselheiros de orientação ajudem todos os alunos a "desenvolver a consciência da carreira", "desenvolver a prontidão para o emprego", "adquirir informação sobre a carreira", "identificar objectivos de carreira", "adquirir conhecimentos para atingir objectivos de carreira" e "aplicar competências para atingir objectivos de carreira" (Campbell & Dahir

As actividades de desenvolvimento de carreira no contexto educativo podem ser a melhor oportunidade para um aluno com necessidades especiais explorar o mundo do trabalho antes de entrar em programas de serviços de reabilitação profissional privados ou estatais para adultos que se centram principalmente na colocação e permanência no emprego.

Os currículos de desenvolvimento de carreira individualizados podem ajudar a documentar que os alunos com necessidades especiais e os seus pais, educadores e defensores têm informação a partir da qual podem fazer escolhas significativas sobre as actividades e resultados do IEP. O conselheiro pode ensinar competências de tomada de decisão. Exercícios de tomada de decisão guiados e oportunidades planeadas para os alunos tomarem decisões importantes e sofrerem consequências num ambiente seguro são métodos frequentemente utilizados para ensinar competências de tomada de decisão.

O conselheiro de orientação pode ter de aplicar estratégias diferentes com diferentes categorias de alunos com necessidades especiais quando fornece orientação profissional a estes alunos. Por exemplo, os percursos profissionais futuros de muitos alunos com deficiência mental são susceptíveis de reflectir uma sucessão de postos de trabalho em diferentes contextos, em vez de uma colocação única e sustentada, porque o emprego e a permanência no emprego continuam a ser baixos para os adultos com deficiência mental (Pierce, McDermott, & Butkus, 2003; Schaffer, Banks, & Kregel, 1991). Por conseguinte, o conselheiro de orientação pode expor os jovens com deficiência mental a várias oportunidades de aprendizagem na escola, com o objetivo de os dotar de competências profissionais úteis. Estas actividades são particularmente importantes para as pessoas com deficiências cognitivas que, ao contrário dos seus pares sem deficiências cognitivas, podem ter oportunidades limitadas de participar em actividades sociais, laborais, de voluntariado e comunitárias; e, portanto, podem ter uma exposição limitada a modelos profissionais.

Por exemplo, um conjunto de competências profissionais que se transferirá para múltiplas oportunidades de emprego em profissões de escritório e receção pode incluir competências sociais (por exemplo, socialização adequada com colegas e clientes), competências mecânicas (por exemplo, utilização de equipamento de escritório), competências de segurança (por exemplo, procura de assistência), competências de comunicação (por exemplo, etiqueta telefónica) e competências de higiene (por exemplo, vestuário adequado e aparência profissional).

Os indivíduos com atraso mental têm frequentemente dificuldades em generalizar o comportamento profissional a novos contextos de trabalho; assim, a oportunidade de praticar competências em vários contextos de emprego é uma parte essencial do desenvolvimento de uma carreira que resista às mudanças no mercado de trabalho (Szymanski, 1999).

Além disso, para os alunos com dificuldades de aprendizagem ou para aqueles que são academicamente dotados e talentosos, os conselheiros podem encorajar os professores e os pais destes alunos a realçar as capacidades e talentos dos alunos, em vez de se concentrarem apenas nos seus défices. Podem também encorajar a aquisição e a utilização de estratégias de compensação para lidar com as dificuldades de aprendizagem, tais como livros em cassete e outras ajudas tecnológicas, bem como a aquisição de estratégias de estudo e de aprendizagem específicas (Reis, McGuire, & Neu, 2000). Estes materiais podem centrar-se na sensibilização para a carreira, nos interesses vocacionais predominantemente associados às suas escolhas profissionais, nos requisitos educativos das carreiras que desejam e noutras questões relacionadas com a carreira.

As aptidões, interesses e talentos podem ser avaliados e os conselheiros podem encorajar a utilização de algum tempo, tanto na escola como em casa, que se centre no desenvolvimento dos talentos e pontos fortes dos alunos. Quando os educadores encaram o desenvolvimento bem sucedido dos talentos destes alunos com otimismo e esperança, podem surgir mais oportunidades de sucesso escolar.

A ação dos educadores e conselheiros pode ajudar os alunos a aprender competências de resolução de problemas e de processamento de informação de ordem superior. À medida que o desempenho académico dos estudantes melhora, a sua autoconfiança aumenta, o que lhes permite compreender que são capazes de desempenhar as tarefas que lhes são atribuídas no trabalho e que podem facilmente seguir as carreiras que desejam. A ação do conselheiro pode ajudar a encorajar,

2.2 A RAZÃO E OS RESULTADOS DA CARREIRA

ACONSELHAMENTO

O processo de aconselhamento de carreira é um procedimento verbal em que um guia vocacional preparado e o cliente mantêm uma relação partilhada, concentrada na utilização das qualidades e dos recursos do cliente para fazer escolhas significativas relacionadas com a vocação e supervisionar as questões relacionadas com a vocação (Coetzee e Roythrone-Jacobs, 2012). O defensor utiliza uma série de estratégias e métodos diferentes para permitir que o cliente faça uma escolha informada sobre a decisão vocacional

Esta escolha deve ser feita depois de o cliente ter chegado a um ponto de auto-compreensão e de compreensão das preocupações vocacionais necessárias, tal como as alternativas sociais acessíveis (Maree, 2004). A orientação vocacional trata de questões que incluem o trabalho, a profissão, a vida e o emprego do cliente. As questões que os clientes procuram ajudar respeitam a forma como os clits vêem os actuais desejos sociais e relacionados com a palavra e abrem portas para a decisão vocacional. Os orientadores de carreira devem fornecer a um indivíduo a capacidade de compreender e esclarecer o quê, porquê, como as suas tarefas gerais de melhoria da vida e da vocação, os desafios e os objectivos profissionais que possam ter ou os problemas que possam enfrentar são significativos, particularmente numa sociedade desconcertante e num local de trabalho confuso (Coetzee e Roythrone-Jacobs, 2012).

As pessoas constroem um sentimento de carácter e significado através das suas vocações, pelo que os defensores devem ver os clientes de uma forma abrangente, orientando-se para a profissão e o modo de vida de uma forma individual e formativa.

Um procedimento viável de orientação vocacional incentiva os indivíduos a (Coetzee e Roythrone-Jacobs, 2012): Descobrir o seu entusiasmo, reconhecer a razão de ser da sua vida e criar uma linha de ação para sempre; Compreender como aplicar as suas capacidades, dons, valores, activos internos e experiência benéfica para atingir os objectivos; Identificar e alterar convicções desmoralizantes sobre si próprios e sobre as outras pessoas; Incentivar o ambiente de trabalho e as pessoas com quem comunicam; Reforçar a estima

Eliminar os obstáculos à sua própria imaginação e desenvolvimento e compreender novas dificuldades e aberturas ' Resolver emergências profissionais de modo a assumir a responsabilidade pela sua própria melhoria vocacional Lidar com as coisas de uma forma genuinamente astuta, por exemplo, as ocasiões e os progressos da vida.

A vida profissional compensa e gere potenciais factores de stress e circunstâncias de conflito de uma forma genuinamente inovadora. O objetivo do procedimento de orientação vocacional é melhorar o desenvolvimento profissional e a auto-habilidade profissional dos clientes, de modo a que estes se sintam confiantes para tomar uma decisão que lhes traga satisfação. Para tal, é necessário

O guia vocacional encoraja o desenvolvimento da profissão, a flexibilidade da profissão e a versatilidade da vocação como activos mentais críticos da profissão (Maree, 2004). O instrutor deverá orientar o cliente no sentido de desenvolver os seus conhecimentos entusiásticos para aumentar a autoconfiança, a versatilidade da profissão, a flexibilidade da vocação e um sentimento de auto-adequação para lidar com mudanças de profissão, interrupções, desemprego ou subemprego. Os resultados da orientação vocacional incorporam igualmente a reaprendizagem e uma nova adaptação, podendo os clientes ter de desaprender mensagens sobre a sua capacidade de realização num domínio específico ou sobre as suas capacidades básicas de liderança (Coetzee e Roythrone-Jacobs, 2012). Devem reaprender quem realmente são, antes de negociarem a vida e limitarem a sua vocação, podendo, por exemplo, precisar de reaprender a sua afeição pela ciência.

Além disso, são numerosos os exercícios antigos que reaprendem, por exemplo, que são responsáveis pela sua própria satisfação em qualquer caso, quando outros tentam fazer escolhas por eles

2.3 A TEORIA DA ESCOLHA DE CARREIRA DE JOHN HOLLAND

A hipótese de Holland descreve como as pessoas convergem com a sua condição e como os atributos individuais e ecológicos provocam decisões e modificações na profissão. A hipótese gere tipos de carácter específicos e modelos ecológicos e investiga a associação e o ajuste entre indivíduo e condição (Stead e Watson, 2006). Neste sentido, a hipótese torna possível clarificar a ligação entre a terra e o carácter e a conduta que surge devido a esta colaboração.

As pessoas são atraídas por um determinado carácter, a pedido de uma condição relacionada com a palavra, que satisfaz as suas próprias exigências de utilização das suas aptidões e capacidades e de comunicação dos seus estados de espírito e qualidades, o que lhes dará satisfação (Coetzee e Roythrone-Jacobs 2007).

Os tipos de carácter são: R Tipo realista Tipo investigativo I Tipo artístico A Tipo social S Tipo empreendedor E Tipo convencional C. Os seis tipos de carácter e os seis tipos de condição de Holland existem paralelamente uns aos outros, formando um hexágono que reflecte as qualidades de cada pessoa. Desta forma, por exemplo, os tipos artísticos têm uma associação estreita com o tipo social.

A hipótese expressa que a grande maioria se parece com múltiplos e, de vez em quando, cada um dos tipos em algum grau.

O carácter de uma pessoa é uma mistura interessante de todos os vários tipos Coetzee e Roythrone-Jacobs (2007). Quanto mais as pessoas se aproximam de um determinado tipo, mais mostram as qualidades e práticas desse tipo.

Os tipos mostram de forma fiável os âmbitos de conduta das marcas registadas, exemplos de diferentes preferências, qualidades explícitas e auto-representações específicas. As situações relacionadas com a profissão e com a palavra podem ser retratadas pela semelhança e pelo apoio dos seis tipos de personagens.

A hipótese de Holland apresenta quatro elementos que são úteis no processo de orientação vocacional: A congruência refere-se à relação entre um tipo de carácter e a terra. Quanto mais comparável for o tipo de carácter com a condição, mais compatível será a relação.

As pessoas reagem melhor a situações que se coadunam com o seu carácter. Estas condições proporcionam-lhes circunstâncias e satisfazem melhor as suas necessidades. Por exemplo, um tipo criativo adaptar-se-ia melhor a um domínio magistral. Uma elevada congruência pode levar a uma elevada realização profissional Stead e Watson (2006). Diferenciação algumas pessoas ou situações demonstram uma semelhança mais proeminente com um único tipo, por exemplo, apenas o imaginativo é separado.

Um indivíduo ou uma condição que apresenta vários tipos de um grau semelhante, por exemplo, um indivíduo que é praticamente igualmente magistral, analítico e aventureiro é indiferenciado. A consistência alude a quanto alguns tipos e condições partilham mais praticamente do que diferentes tipos e condições. Os tipos situados nos cantos opostos do hexágono são extremos alternados, enquanto os vizinhos são comparáveis. Por exemplo, os tipos práticos e analíticos partilham mais, para todos os efeitos, do que os tipos sociais razoáveis.

A identidade refere-se ao grau em que um indivíduo tem uma imagem razoável, estável, presente e futura dos seus objectivos. O quadro de Holland é um modelo bem conhecido. Se um conselheiro considerar utilizar este quadro, deve ter em conta o seguinte: "A hipótese de Holland não se destina a analistas, pode ser aplicada por educadores, professores, trabalhadores de RH e coordenadores de espectáculos profissionais.

A hipótese não se limita a uma direção individual em particular. Holland observa que as actividades da mão direita da vocação podem estar num cenário mais extenso. A hipótese de Holland é valiosa para os clientes, uma vez que consolida os dados relacionados com as palavras no processo de orientação, fornecendo um trabalho de ponta hipotético de potenciais ocupações para os clientes.

2.4 A TEORIA DE DESENVOLVIMENTO DE CARREIRA DE DONALD SUPER

A hipótese de Supers está relacionada com o modo formativo de lidar com as vocações. Super aceitou que a decisão vocacional de uma pessoa é simplesmente o efeito da sua ideia. A ideia de si pode ser retratada como a perspetiva de uma pessoa sobre os seus próprios atributos, por exemplo, as suas capacidades, qualidades, interesses e decisões. A ideia de si é criada através da colaboração de uma pessoa com a terra, em que o indivíduo cria ideias de si próprio em empregos específicos, por exemplo, um substituto, um trabalhador, um companheiro ou um familiar.

O grau em que um indivíduo sente que pode aplicar a sua auto-idéia através das suas decisões de trabalho tem impacto no grau de realização numa determinada condição relacionada com a palavra (Coetzee e Roy throne-Jacobs 2007). Um dos principais centros de Supers é a ideia de empregos para a vida e fala do reconhecimento de que o emprego pode não ser o emprego fundamental no espaço de vida de uma pessoa. O trabalho deve ser entendido como o cenário de todos os trabalhos da existência de uma pessoa. O fingimento começa na juventude, quando se exercem profissões como, por exemplo, educador, vendedor e instrutor, e prossegue na idade adulta, quando as pessoas se imaginam no cargo de diretor executivo, por exemplo. O fingimento é útil, quer seja em sonho ou na realidade, quer seja numa circunstância profissional ou não profissional, e contribuirá para a alteração da profissão.

O significado de qualquer trabalho de vida dependerá da organização da vida da pessoa (Coetzee e Roy throne-Jacobs 2007). Um indivíduo passa por uma progressão de fases da vida designadas por ciclos mais pequenos do que o esperado e por ciclos máximos, cada uma delas exigindo a realização de várias tarefas de formação profissional. As fases relacionadas com a vocação são designadas por ciclos mais pequenos do que o habitual, ao passo que as fases da vida adulta são designadas por ciclos máximos. A mudança de carreira é identificada com o desenvolvimento da profissão, que incorpora práticas que são boas para a mudança. O desenvolvimento vocacional não está relacionado com a idade, mas mede a preparação para fazer escolhas profissionais e para se adaptar aos empreendimentos formativos de fases inconfundíveis da vida.

A progressão entre as cinco fases da vida depende do desenvolvimento vocacional da pessoa. O desenvolvimento da vocação é a capacidade básica de liderança, a organização da profissão e a compreensão do universo do trabalho. Um defensor da profissão pode avaliar o desenvolvimento da profissão de uma pessoa através da avaliação das suas aptidões básicas de liderança, da sua capacidade de organização, de um auto-exame sensato, da informação do cliente sobre empresas e ocupações formativas.

À medida que os adultos entram no período de fundação das suas vidas e das suas profissões, precisam de um nível significativo de desenvolvimento vocacional e de criar versatilidade profissional para continuarem a ser utilizados no universo de trabalho em mudança (Coetzee e Roy throne-Jacobs 2007). Esta hipótese pode ser útil para os defensores das vocações pensarem nas questões relacionadas com a idade que são importantes para os clientes. Os defensores das vocações devem igualmente tomar nota da forma como a estima das pessoas mudou durante as fases da existência

2.5 Inspeção dos factores que têm impacto na melhoria da carreira

O segundo ponto que ajuda a sua progressão na carreira é a atenção aos elementos que afectam a sua atual melhoria profissional. O conselheiro ajudará os estudantes a reconhecer as várias questões que podem afetar o seu percurso profissional, nomeadamente

2.5.1 Factores individuais-

Se tiver uma família a seu cargo, o conselheiro profissional ajudá-lo-á a definir consigo os objectivos de carreira que se coadunam com as necessidades da sua família. Por exemplo, no caso de não aguentar deixar de trabalhar e, ao mesmo tempo, evoluir nas profissões, o conselheiro pode ajudar a distinguir os objectivos de carreira que se pretendem alcançar.

2.5.2 Factores baseados no valor

Estes incorporam coisas que precisa da sua atividade, mas também estimações explícitas que podem ter impacto na realização da sua atividade. Por exemplo, deve descobrir um emprego que privilegie a equidade social.

2.5.3 Factores de instrução

Quais são as aptidões que possui e como pode continuar a estudá-las? O guia de profissões ajudará a mapear com excursão o cenário instrutivo, tanto no que diz respeito ao passado como ao que está para vir

2.5.4 Elementos baseados na capacidade -

De igual modo, analisará os aspectos baseados na capacidade que afectam o seu movimento profissional. Trata-se de um misto de análise da sua experiência e de procura de várias abordagens para alargar a experiência. Por exemplo, as posições temporárias podem ser uma escolha adequada para si ou deve pensar em procurar a sua nova profissão como um interesse secundário primeiro. Ao ver como cada uma das variáveis acima referidas está a afetar o seu movimento profissional, tanto no sentido de o impedir como de o impulsionar, pode centrar os seus esforços nos procedimentos que funcionam melhor. Por exemplo, pode constatar que a sua instrução está a dificultar o movimento da carreira que escolheu e a impedi-lo de progredir. Com a ajuda de um instrutor ao longo da vida, pode começar a investigar abordagens para ensinar e preparar-se melhor.

2.6 D-R gravy de Wixom comissário assistente do sistema de ensino superior do Utah 12 de outubro de 2016.

É verdade que os estudantes têm pouca informação sobre a palavra "orientação profissional". Por isso, com a ajuda de diferentes investigações, é notificado que um conselheiro de carreira profissional é necessário para orientar os estudantes para o melhor caminho, ou melhor, para os aconselhar sobre a área de interesse. O aconselhamento de carreira desempenha um papel fundamental para abrir as portas à auto-exploração dos estudantes e também para desenvolver as competências pessoais dos estudantes na carreira académica. Ao contrário do auto-aconselhamento e do aconselhamento de carreira, são dois campos de estudo inter-relacionados que constroem um futuro forte e produtivo para os estudantes. A motivação psicológica é totalmente diferente da orientação profissional. O aconselhamento de carreira tem bastante influência na formação do carácter, enquanto a psicologia se preocupa mais com a resposta mental do estudante. O impacto da orientação profissional é a forma correta de reunir todas as capacidades naturais dos estudantes

Se um estudante tiver passado pelo processo de orientação profissional, poderá não enfrentar qualquer dificuldade nas diferentes fases da vida. A palavra orientação profissional é absolutamente clara nas diferentes fontes que asseguram uma presença fundamental para motivar um estudante para a orientação profissional. Por exemplo, a fonte I-e. Meios de comunicação social, televisão, livros, etc. Os estudantes podem reconhecer várias formas de orientação profissional e, em seguida, compreender o seu impacto positivo básico. (Career counselling a holistic approach, de Vernon G. Zunker

2.7 Aconselhamento profissional em Islamabad.

O aconselhamento de carreira é prestigiado como assistência de carreira, aconselhamento e configuração examinada para encorajar a escolha, mudança ou abandono de uma carreira e pode ser obtido em qualquer fase da vida quotidiana. A carreira profissional é, na maior parte das vezes, um dos pontos altos mais importantes da vida quotidiana, e o abandono de uma profissão, quer seja por um período de tempo limitado, quer seja por um período de tempo mais curto, pode ser difícil, sobretudo quando se desenvolvem problemas financeiros, como, por exemplo, a tristeza.

Um conselheiro de carreira pode ajudar, dividindo e falando sobre as decisões profissionais futuras, mostrando-lhes a forma correta de avançar para uma profissão eficaz. As garantias de crise de instrução anunciadas pela legislatura e por algumas associações mundiais sem fins lucrativos que tentam atingir a área de instrução estão a ser descobertas na região do Baluchistão, tal como tem sido observado, não há qualquer aconselhamento de carreira para os indivíduos de Islamabad há muito tempo.

Os números mostram a não-realidade dos especialistas superiores e as suas protecções a este respeito, o que não é suficiente para matar o sentimento de miséria dos indivíduos do Baluchistão. É uma ocasião importante para ser discutida à luz do facto de que algumas centenas de estudantes de Islamabad cujos diplomas e decisões de licenciatura não se encontram.

Acabam por fazer uma tarefa que não se coaduna com os seus longos períodos de instrução, causando uma ausência de produtividade e pequenas continuações. Isto não só impede o progresso da associação, mas também tem resultados horríveis na vida de um indivíduo, coordenando a miséria e a ocupação com o cansaço.

Para contrariar este acontecimento, a humanidade está a empregar as administrações de conselheiros profissionais. O aconselhamento é um procedimento misterioso e conjunto em que um conselheiro de carreira ajuda os estudantes na sua instrução e na sua carreira de executivos. Felizmente, é tudo menos uma articulação obscura para nós, mas as escolhas e estratégias estão pendentes nesta questão, causando vulnerabilidade e inquietação.

As propostas apresentadas sob a sugestão de especialistas superiores e das personalidades conscientes do Estado, prevêem a contratação de conselheiros de carreira em cada faculdade e escola acessível para organizar aulas de aconselhamento de carreira, workshops e preparar a consciencialização da população de todas as idades, em particular dos jovens, para escolherem uma profissão mais segura para o seu futuro confiante. Isto levará o entusiasmo dos grupos de pessoas a colocar a sua oferta significativa na melhoria da sociedade, uma vez que se encontram entre os destinatários.

Pode permitir-lhes adquirir uma história para si próprios, bem como para a sua nação. Irá exibir a sua certeza de tolerar uma vida superior e passá-los ao longo do período de indivíduos dinâmicos cuja ânsia de fazer bem para a notoriedade e desenvolvimento da sua nação. Sendo firme com o nosso segmento educacional como ativista social, é minha obrigação primordial transmitir as vantagens e desvantagens do aconselhamento de carreira para levar a minha idade mais jovem a uma educação de qualidade e a um compromisso, dando a proteção de qualidade da carreira, conciliando a consideração benevolente de especialistas preocupados em abraçar um aviso mais difícil contra a questão e obter alguma metodologia útil através da execução de aconselhamento de carreira a nível governamental

2.7.1. VOZ DOS ESTUDANTES LIGADA ÀS CARREIRAS
EDUCAÇÃO E ORIENTAÇÃO

A escrita sobre a voz dos alunos menores está igualmente relacionada com a instrução e a direção vocacionais, em que se propõe que os alunos menores sejam aconselhados de modo a adoptarem uma estratégia abrangente, uma vez que cada aluno menor tem um arranjo alternativo de impactos que influenciam a liderança básica e uma abordagem construtivista é obrigada a influenciar a compra por parte dos alunos menores.

Vaughan (2003) afirma que a imaturidade é um momento crucial de auto-revelação e de organização do futuro, pelo que o aconselhamento dos alunos menores sobre a forma como a instrução e a orientação profissionais podem ser transmitidas. Isto é adicionalmente designado por "aprendizagem construtivista", que espera que os alunos menores desempenhem um papel progressivamente dinâmico no desenvolvimento da sua aprendizagem (Levin, 2000). Levin (2000) declara que "o trabalho dos alunos nas escolas não pode ser isolado das progressões que ocorrem nas suas vidas fora da escola; que as mudanças nas aparentes aberturas de trabalho ou nas estruturas familiares ou nos empregos de orientação sexual afectam de forma silenciosa a forma como os alunos vêem e reagem ao que a escola lhes dá" (p. 158).

As pessoas não vivem em segregação e o seu enquadramento social, para além do enquadramento cultural, tem impacto na progressão e nas decisões vocacionais (Patton e McMahon, 2006). Vaughan (2003) constata que, de um modo geral, foram realizados poucos estudos em que os encontros dos jovens são colocados no centro e recomenda que a formação profissional "examine e aborde a questão organizada por ideias muito específicas sobre a juventude, a idade adulta e a mudança" (p. 1), que foram criadas pelos adultos. Além disso, Toda recomenda que não se trate tanto dos caminhos que os jovens escolhem, ou para onde vão depois da escola, mas sim da forma como exploram esses caminhos (Vaughan, 2003). A acentuação de Toda sobre o dever e a decisão singulares significa que os jovens estão sob uma pressão crescente para se estabelecerem em escolhas profissionais educadas numa idade geralmente jovem, o que pode ter ramificações abrangentes para os seus destinos. O acesso ao ensino de profissões pertinentes e o trabalho em organização com tutores, instrutores e conselheiros de carreiras é, neste sentido, fundamental para uma grande liderança de base

(Horne, 2010; Vaughan, 2003). Vaughan e Roberts (2007) declaram que um empreendimento profissional é um caminho extremamente intrincado e não direto que dá inúmeras voltas e reviravoltas ao longo da vida de uma pessoa e que temos de compreender melhor o trabalho de "tumultos ou excentricidades nas escolhas vocacionais e quais os dispositivos que podem ser úteis para ajudar os indivíduos a supervisioná-las" (p. 103)

Patton e McMahon (2006) propõem que, ao aconselharmos os estudantes, podemos compreender melhor as suas circunstâncias individuais, o que influencia a sua vocação de liderança básica e que tipo de instrução e apoio profissional é aplicável para garantir uma aprendizagem profundamente enraizada e a realização num universo de trabalho dinâmico e em constante mudança.

A importância da orientação profissional

Para compreender o desenvolvimento da orientação e do aconselhamento de carreira em Hong Kong, é importante avaliar a forma como o trabalho é geralmente encarado em relação às tradições culturais da China. Muito antes do aparecimento de conceitos recentes como a orientação ou o aconselhamento, a noção de procura de experiências educativas e espirituais holísticas já existia há muito na filosofia chinesa. Isto sugere que, na mentalidade chinesa, a orientação e o aconselhamento devem ser parte integrante de uma educação completa (Fong, 2001).

Definição do apoio dos professores

O conceito de 'apoio geral do professor' tem sido estudado sob muitas categorizações diferentes (por exemplo, pertença à sala de aula, orientação do aluno, aconselhamento individual, cuidados pastorais, cuidados pedagógicos, relação). Todos estes rótulos se referem basicamente à mesma noção de que o apoio dos professores funciona através de laços intelectuais e emocionais que existem entre alunos e professores (Davis, 2003; Pringle et al. (L.P.W, 2020)

CAPÍTULO 3

3. Metodologia de investigação

Amostra da população e metodologia de amostragem

A investigação incluiu 200 estudantes de escolas secundárias públicas em Islamabad i.9.4 Foram selecionados 100 estudantes para a análise utilizando um método de amostragem aleatório simples.

Conceção da investigação

O estudo desta investigação foi de natureza qualitativa, optando por uma conceção exploratória e distribuindo um questionário de investigação na escola-modelo para rapazes Osama Bin Tariq shaheed I/9.4 Islamabad

Validade

A validade significa simplesmente que um teste ou instrumento mede com exatidão o que é suposto medir. Neste estudo, foi utilizado um questionário para recolher os dados e a sua validade foi determinada através de testes-piloto e da opinião de peritos.

Fiabilidade

A fiabilidade pode ser definida como o grau em que as medições estão isentas de erros e, por conseguinte, dão resultados consistentes. Por outras palavras, a fiabilidade diz respeito ao grau em que um teste ou qualquer procedimento de medição produz os mesmos resultados em ensaios repetidos. A fiabilidade do instrumento utilizado neste estudo foi determinada através do método de teste-reteste.

Técnica de amostragem

Esta afirmação identifica que a técnica de amostragem é o procedimento através do qual um investigador escolhe a forma de especificar os inquiridos do universo. Devido ao facto de o tempo ser menor,

A minha técnica de amostragem é a amostragem probabilística, em que cada indivíduo tem a mesma oportunidade de participar no estudo. No âmbito da amostragem probabilística, selecionei a amostragem aleatória

Instrumentos de recolha de dados

Esta afirmação identifica os instrumentos de recolha de dados que um investigador utiliza para recolher dados para o seu estudo de investigação. Existem diferentes instrumentos de recolha de dados. Para este estudo de investigação, os instrumentos de recolha de dados são o questionário. Os dados foram recolhidos através de um questionário dirigido aos inquiridos da amostra do universo visado

3.5. Questionário

O questionário é uma série de perguntas, utilizadas para recolher informações junto dos inquiridos. As perguntas são utilizadas para a análise do público e destinam-se a criar uma compreensão dos inquiridos-alvo do universo selecionado. E o investigador quer saber a resposta, os sentimentos, as percepções e as crenças sobre as perguntas colocadas num questionário.

1.5.1. Testes-piloto

O teste-piloto, também designado por teste livre, é um processo através do qual o investigador distribui alguns questionários aos não respondentes, antes de distribuir o questionário original aos inquiridos.

CAPÍTULO 4

Análise de dados

4.1.1. Quadro n.º 1

Já ouviu falar em aconselhamento de carreira?

Categorias	Frequência	Percentagem
Sim	76	76%
Não	8	8%
Até certo ponto	12	12%
Não faço ideia	04	4%
Respondente	100	100%

O quadro 01 mostra que 76% dos inquiridos concordam com "sim", 08% dos inquiridos concordam com "não", 12% dos inquiridos concordam com "até certo ponto", 04% dos inquiridos concordam com "sem ideia": O total de inquiridos é de 100%.

Quadro 4.1.2.

Concorda que a orientação profissional se preocupa suficientemente com o futuro do estudante?

Categorias	Frequência	Percentagem
Sim	54	54%
Não	08	08%
Até certo ponto	20	20%

Não faço ideia	18	18%
Inquirido	100	100%

A Tabela 02 mostra que 54% dos inquiridos concordam com "sim", 08% dos inquiridos concordam com "não", 20% dos inquiridos concordam com "até certo ponto", 18% dos inquiridos concordam com "sem ideia": O total de inquiridos é de 100%.

Quadro n.º 4.1.3.

Em que fase da vida académica deve ser dado aconselhamento profissional ao estudante para o seu futuro?

Categorias	Frequência	Percentagem
Sim	60	60%
Não	26	26%
Até certo ponto	08	08%
Não faço ideia	06	06%
Total de inquiridos	100	100%

A Tabela 03 mostra que 60% dos inquiridos concordam com "sim", 26% dos inquiridos concordam com "não", 08% dos inquiridos concordam com "até certo ponto", 06% dos inquiridos concordam com "sem ideia": O total de inquiridos é de 100%.

Quadro n.º 4.1.4.

Considera que a orientação profissional melhora as capacidades e competências dos

estudantes?

Categorias	Frequência	Percentagem
Sim	52	52%
Não	12	12%
Até certo ponto	30	30%
Não faço ideia	06	06%
Respondente	100	100%

A Tabela 04 mostra que 52% dos inquiridos concordam com "sim", 12% dos inquiridos concordam com "não", 30% dos inquiridos concordam com "até certo ponto" e 06% dos inquiridos concordam com "sem ideia": O total de inquiridos é de 100%.

Quadro n.º 4.1.5.

Pode a orientação profissional melhorar o poder mental dos estudantes?

Categorias	Frequência	Percentagem
Sim	52	52%
Não	12	12%
Até certo ponto	30	30%
Não faço ideia	06	06%
Respondente	100	100%

A Tabela 05 mostra que 52% dos inquiridos concordam com "sim", 12% dos inquiridos concordam com "não", 30% dos inquiridos concordam com "até certo ponto" e 06% dos inquiridos concordam com "sem ideia": O total de inquiridos é de 100%.

Quadro n.o 4.1.6

Concorda que a orientação profissional é a melhor disciplina para os estudantes atingirem os seus objectivos futuros?

Categoria	Frequência	Percentagem
Sim	50	50%
Não	10	10%
Até certo ponto	20	20%
Não faço ideia	20	20%
Respondente	100	100%

A Tabela 06 mostra que 50% dos inquiridos concordam com "sim", 10% dos inquiridos concordam com "não", 20% dos inquiridos concordam com "até certo ponto" e 20% dos inquiridos concordam com "sem ideia": O total de inquiridos é de 100%.

Quadro n.º 4.1.7.

Considera que a orientação profissional influencia o desempenho escolar dos estudantes?

Categoria	Frequência	Percentagem
Sim	50	50%
Não	06	06%
Até certo ponto	38	38%
Não faço ideia	06	06%
Respondente	100	100%

A Tabela 07 mostra que 50% dos inquiridos concordam com "sim "06% dos inquiridos

concordam com "não "38% dos inquiridos concordam com "até certo ponto "06% dos

inquiridos concordam com "sem ideia": O total de inquiridos é 100%

Quadro n.º 4.1.8.

O futuro brilhante dos estudantes depende do aconselhamento profissional?

Categoria	Frequência	Percentagem
Sim	32	32%
Não	28	28%
Até certo ponto	24	24%
Não faço ideia	16	16%
Respondente	100	100%

A Tabela 08 mostra que 32% dos inquiridos concordam com "sim", 28% dos inquiridos

concordam com "não", 24% dos inquiridos concordam com "até certo ponto", 16% dos

inquiridos concordam com "sem ideia": O total de inquiridos é de 100%.

Quadro n.º 4.1.9.

Q No: 9 onde sugeriu um conselheiro quando escolheu a área de estudo atual?

Categoria	Frequência	Percentagem
Sim	24	24%
Não	58	58%
Até certo ponto	06	06%

| Não faço ideia | 12 | 12% |
| Respondente | 100 | 100% |

A Tabela 09 mostra que 24% dos inquiridos concordam com "sim", 58% dos inquiridos concordam com "não", 06% dos inquiridos concordam com "até certo ponto", 12% dos inquiridos concordam com "sem ideia": O total de inquiridos é de 100%.

QUADRO N.º 4.1.10.

Está satisfeito com a sua área atual?

Categoria	Frequência	Percentagem
Sim	54	54%
Não	10	10%
Até certo ponto	36	36%
Não faço ideia	0	0%
Respondente	100	100%

A Tabela 10 mostra que 54% dos inquiridos concordam com "sim", 10% dos inquiridos concordam com "não", 36% dos inquiridos concordam com "até certo ponto" e 0% dos inquiridos concordam com "sem ideia": O total de inquiridos é de 100%.

Quadro n.o 4.1.11

O que acha que teria escolhido como área de estudo se tivesse sido aconselhado por um conselheiro profissional?

Categoria	Frequência	Percentagem
Sim	62	62%
Não	18	18%
Até certo ponto	12	12%
Não faço ideia	08	08%
Respondente	100	100%

O quadro 11 mostra que 62% dos inquiridos concordam com "sim", 18% dos inquiridos concordam com "não", 12% dos inquiridos concordam com "até certo ponto" e 08% dos inquiridos concordam com "sem ideia": O total de inquiridos é de 100%.

Quadro nº

Quadro n.º 4.1.12.

Concorda que a orientação profissional torna os estudantes mais competitivos e conscientes dos seus objectivos futuros?

Categoria	Frequência	Percentagem
Sim	56	56%
Não	04	04%
Até certo ponto	34	34%
Não faço ideia	06	06%
Respondente	100	100%

A Tabela 12 mostra que 56% dos inquiridos concordam com "sim", 04% dos inquiridos concordam com "não", 34% dos inquiridos concordam com "até certo ponto" e 06% dos inquiridos concordam com "sem ideia": O total de inquiridos é de 100%

Quadro n.o 4.1.13

O aconselhamento de carreira tem um impacto positivo na construção da carreira dos estudantes?

Categoria	Frequência	Percentagem
Sim	62	62%
Não	06	06%
Até certo ponto	22	22%
Não faço ideia	10	10%
Respondente	100	100%

A Tabela 13 mostra que 62% dos inquiridos concordam com "sim", 06% dos inquiridos concordam com "não", 22% dos inquiridos concordam com "até certo ponto", 10% dos inquiridos concordam com "sem ideia": O total de inquiridos é de 100%.

Quadro n.º 4.1.14.

Concorda que a orientação profissional permite ao estudante lidar com diferentes questões no seu percurso escolar?

Categoria	Frequência	Percentagem
Sim	56	56%
Não	08	08%
Até certo ponto	28	28%

| Não faço ideia | 08 | 08% |
| Respondente | 100 | 100% |

O quadro 14 mostra que 56% dos inquiridos concordam com "sim", 08% dos inquiridos concordam com "não", 28% dos inquiridos concordam com "até certo ponto" e 08% dos inquiridos concordam com "sem ideia": O total de inquiridos é de 100%.

Quadro n.º 4.1.15.

A orientação profissional pode proporcionar uma ocupação satisfatória para o estudante no futuro?

Categoria	Frequência	Percentagem
Sim	30	30%
Não	22	22%
Até certo ponto	26	26%
Não faço ideia	22	22%
Respondente	100	100%

O quadro 15 mostra que 30% dos inquiridos concordam com "sim", 22% dos inquiridos concordam com "não", 26% dos inquiridos concordam com "até certo ponto" e 22% dos inquiridos concordam com "sem ideia": O total de inquiridos é de 100%.

Quadro n.o 4.1.16.

P nº 16 É verdade que o aconselhamento de carreira deu um segundo par de olhos ao estudante para analisar as suas capacidades?

Categoria	Frequência	Percentagem
Sim	42	42%
Não	10	10%
Até certo ponto	32	32%
Não faço ideia	16	16%
Respondente	100	100%

O quadro 16 mostra que 42% dos inquiridos concordam com "sim", 10% dos inquiridos concordam com "não", 32% dos inquiridos concordam com "até certo ponto" e 16% dos inquiridos concordam com "sem ideia": O total de inquiridos é de 100%.

Quadro n.o 4.1.17.

Quem é o responsável pela falta de aconselhamento profissional?

Categoria	Frequência	Percentagem
Sim	46	30%
Não	18	22%
Até certo ponto	20	26%
Não faço ideia	16	16%

Respondente 100 100%

O quadro 17 mostra que 46% dos inquiridos concordam com "sim", 18% dos inquiridos concordam com "não", 20% dos inquiridos concordam com "até certo ponto" e 16% dos inquiridos concordam com "sem ideia": O total de inquiridos é de 100%.

QUADRO N.º 4.1.18.

Devemos lutar por instalações de aconselhamento profissional adequadas ao nível das escolas secundárias?

Categoria	Frequência	Percentagem
Sim	92	92%
Não	04	04%
Até certo ponto	02	02%
Não faço ideia	02	02%
Respondente	100	100%

A Tabela 18 mostra que 92% dos inquiridos concordam com "sim", 04% dos inquiridos concordam com "não", 02% dos inquiridos concordam com "até certo ponto", 02% dos inquiridos concordam com "sem ideia": O total de inquiridos é de 100%

Quadro n.o 4.1.19.

19 Dispõe de recursos para atingir o objetivo da vida?

Categoria	Frequência	Percentagem
Sim	26	26%
Não	34	44%
Até certo ponto	40	42%
Não faço ideia	12	12%
Respondente	100	100%

A tabela 19 mostra que 26% dos inquiridos concordam com "sim", 34% dos inquiridos concordam com "não", 04% dos inquiridos concordam com "até certo ponto", 12% dos inquiridos concordam com "sem ideia": O total de inquiridos é de 100%.

Quadro n.o 4.1.20

O interesse próprio é a principal fonte de realização dos objectivos de carreira educativa?

Categoria	Frequência	Percentagem
Sim	50	50%
Não	12	12%
Até certo ponto	24	24%
Não faço ideia	14	14%
Respondente	100	100%

A Tabela 20 mostra que 50% dos inquiridos concordam com "sim", 12% dos inquiridos concordam com "não", 24% dos inquiridos concordam com "até certo ponto", 14% dos inquiridos concordam com "sem ideia": O total de inquiridos é de 100%.

4.2 Resultados e conclusões

De acordo com esta afirmação (Analisar os impactos da orientação profissional no desempenho escolar dos estudantes), o estudo de investigação é uma investigação qualitativa e a informação foi recolhida através de um questionário aos inquiridos. Nesse processo, o investigador fez diferentes perguntas aos inquiridos sobre o impacto da orientação profissional no desempenho escolar dos estudantes. Todos os inquiridos selecionados responderam muito bem e de forma atraente. De acordo com as suas respostas, apresentam-se de seguida as conclusões e os resultados de todo o questionário. A maioria dos inquiridos estava ciente da declaração de aconselhamento de carreira.

E estavam a preocupar-se bastante com a orientação profissional. A maioria dos inquiridos concordou que a orientação profissional tem uma maior preocupação com o futuro do estudante. Metade dos inquiridos considera que a escola é a primeira fase da orientação profissional e que esta deve ser prestada a nível escolar, o que permite uma maior eficiência de condensação e interesse do estudante pelo estudo, o que o pode conduzir ao sucesso.

O aconselhamento de carreira tem mais a ver com o reforço das capacidades e competências internas do estudante, que o motivam para o trabalho profissional e técnico. O que dá realmente um grande estímulo aos estudantes para se concentrarem na melhoria das suas capacidades mentais? Metade dos inquiridos considerou que a orientação profissional é a melhor disciplina para atingir os seus objectivos no futuro.

Neste estudo, foi dada maior ênfase ao facto de a orientação profissional influenciar o desempenho escolar dos estudantes em qualquer nível de vida. O sucesso dos estudantes depende da orientação profissional. Esta proporciona a melhor forma de atingir os seus objectivos futuros. A maioria dos inquiridos concordou e referiu que o insucesso de muitos estudantes na sua carreira educativa se deve à falta de um processo de orientação profissional.

Todas as instituições devem proporcionar aos estudantes as melhores sessões de aconselhamento de carreira para diminuir o rácio de insucesso dos estudantes. 85% dos inquiridos responderam que nunca sugeriram a um conselheiro profissional que nos orientasse adequadamente sobre assuntos de interesse pessoal. Se os estudantes estiverem preparados para os conselheiros, terão dignidade para enfrentar dificuldades na sua área de estudo

O aconselhamento de carreira torna os estudantes mais competitivos e conscientes dos seus estudos, e o fator de confiança leva-os a trabalhar com toda a concentração. O aconselhamento de carreira tem impactos positivos que constroem a carreira produtiva de um estudante. Muitos dos inquiridos responderam que os pais são os principais responsáveis pela falta de aconselhamento de carreira, porque os pais são os principais agentes do processo de socialização e podem compreender o psicológico dos seus filhos, em que área de estudo estão interessados e o que são capazes de fazer no futuro.

Conclusões

O papel dos professores no aconselhamento de carreira a nível do ensino secundário em

Islamabade

1. O quadro 01 mostra que 76% dos inquiridos concordam com "sim", 08% dos inquiridos concordam com "não", 12% dos inquiridos concordam com "até certo ponto", 04% dos inquiridos concordam com "sem ideia": O total de inquiridos é de 100%.

2. O quadro 02 mostra que 54% dos inquiridos concordam com "sim", 08% dos inquiridos concordam com "não", 20% dos inquiridos concordam com "até certo ponto", 18% dos inquiridos concordam com "sem ideia": O total de inquiridos é de 100%.

3. A Tabela 03 mostra que 60% dos inquiridos concordam com "sim", 26% dos inquiridos concordam com "não", 08% dos inquiridos concordam com "até certo ponto", 06% dos inquiridos concordam com "sem ideia": O total de inquiridos é de 100%.

4. A Tabela 04 mostra que 52% dos inquiridos concordam com "sim", 12% dos inquiridos concordam com "não", 30% dos inquiridos concordam com "até certo ponto" e 06% dos inquiridos concordam com "sem ideia": O total de inquiridos é de 100%.

5. A Tabela 05 mostra que 52% dos inquiridos concordam com "sim", 12% dos inquiridos concordam com "não", 30% dos inquiridos concordam com "até certo ponto" e 06% dos inquiridos concordam com "sem ideia": O total de inquiridos é de 100%.

6. O quadro 06 mostra que 50% dos inquiridos concordam com "sim", 10% dos inquiridos

concordam com "não", 20% dos inquiridos concordam com "até certo ponto" e 20% dos inquiridos concordam com "sem ideia": O total de inquiridos é de 100%.

7. A Tabela 07 mostra que 50% dos inquiridos concordam com "sim", 06% dos inquiridos concordam com "não", 38% dos inquiridos concordam com "até certo ponto", 06% dos inquiridos concordam com "sem ideia": O total de inquiridos é de 100%.

8. O quadro 08 mostra que 32% dos inquiridos concordam com "sim", 28% dos inquiridos concordam com "não", 24% dos inquiridos concordam com "até certo ponto", 16% dos inquiridos concordam com "sem ideia": O total de inquiridos é de 100%.

9. A tabela 09 mostra que 24% dos inquiridos concordam com "sim", 58% dos inquiridos concordam com "não", 06% dos inquiridos concordam com "até certo ponto", 12% dos inquiridos concordam com "sem ideia": O total de inquiridos é de 100%.

10. A Tabela 10 mostra que 54% dos inquiridos concordam com "sim", 10% dos inquiridos concordam com "não", 36% dos inquiridos concordam com "até certo ponto" e 0% dos inquiridos concordam com "sem ideia": O total de inquiridos é de 100%.

11. O quadro 11 mostra que 62% dos inquiridos concordam com "sim", 18% dos inquiridos concordam com "não", 12% dos inquiridos concordam com "até certo ponto" e 08% dos inquiridos concordam com "sem ideia": O total de inquiridos é de 100%

12. A Tabela 12 mostra que 56% dos inquiridos concordam com "sim", 04% dos inquiridos concordam com "não", 34% dos inquiridos concordam com "até certo ponto" e 06% dos inquiridos concordam com "sem ideia": O total de inquiridos é de 100%

13. O quadro 13 mostra que 62% dos inquiridos concordam com "sim", 06% dos inquiridos concordam com "não", 22% dos inquiridos concordam com "até certo ponto" e 10% dos inquiridos concordam com "sem ideia": O total de inquiridos é de 100%.

14. O quadro 14 mostra que 56% dos inquiridos concordam com "sim", 08% dos inquiridos concordam com "não", 28% dos inquiridos concordam com "até certo ponto" e 08%

dos inquiridos concordam com "sem ideia": O total de inquiridos é de 100%.

15. O quadro 15 mostra que 30% dos inquiridos concordam com "sim", 22% dos inquiridos concordam com "não", 26% dos inquiridos concordam com "até certo ponto" e 22% dos inquiridos concordam com "sem ideia": O total de inquiridos é de 100%.

16. O quadro 16 mostra que 42% dos inquiridos concordam com "sim", 10% dos inquiridos concordam com "não", 32% dos inquiridos concordam com "até certo ponto" e 16% dos inquiridos concordam com "sem ideia": O total de inquiridos é de 100%.

17. O quadro 17 mostra que 46% dos inquiridos concordam com "sim", 18% dos inquiridos concordam com "não", 20% dos inquiridos concordam com "até certo ponto" e 16% dos inquiridos concordam com "sem ideia": O total de inquiridos é de 100%.

18. A Tabela 18 mostra que 92% dos inquiridos concordam com "sim", 04% dos inquiridos concordam com "não", 02% dos inquiridos concordam com "até certo ponto", 02% dos inquiridos concordam com "sem ideia": O total de inquiridos é de 100%

19. A tabela 19 mostra que 26% dos inquiridos concordam com "sim", 34% dos inquiridos concordam com "não", 04% dos inquiridos concordam com "até certo ponto", 12% dos inquiridos concordam com "sem ideia": O total de inquiridos é de 100%.

20. A Tabela 20 mostra que 50% dos inquiridos concordam com "sim", 12% dos inquiridos concordam com "não", 24% dos inquiridos concordam com "até certo ponto", 14% dos inquiridos concordam com "sem ideia": O total de inquiridos é de 100%.

CAPÍTULO 5

Discussão e conclusão

O cerne deste estudo de investigação é o facto de o aconselhamento de carreira ter um enorme impacto no desempenho escolar dos estudantes na universidade de IIUI. Um número mais do que suficiente de estudantes da província de Islamabad está a escolher as suas carreiras sem ter em conta os seus objectivos pessoais e a sua área de interesse. 60% dos estudantes desconhecem o termo "orientação profissional", o que faz com que a maioria dos estudantes fracasse na sua área de estudo.

Os estudantes não recebem qualquer aconselhamento de carreira a qualquer nível da vida académica A maioria dos inquiridos estava mais consciente das instalações adequadas de aconselhamento de carreira a nível provincial. No entanto, os estudantes consideram que a orientação profissional desempenha um papel crucial no progresso e desenvolvimento do seu desempenho escolar.

Um estudante precisa de aconselhamento profissional para o seu futuro brilhante e para a sua área de interesse. Neste estudo, verificou-se que um maior número de estudantes não foi orientado ou aconselhado na escolha da sua área de estudo. A província de Punjab não dispõe de um sistema válido ou formal de orientação profissional, o que é ainda pior para os estudantes de Islamabad, que geralmente não conseguem avançar na sua carreira académica.

Assim, os efeitos negativos do insucesso dos objectivos futuros dos estudantes devem ser evidentes. Se o governo não proporcionar serviços de orientação profissional aos estudantes de qualquer nível de ensino, o estudo de investigação revelou que nem todos os estudantes das escolas secundárias de Islamabad foram convencidos pela direção da universidade a proporcionar serviços de orientação profissional adequados. Mais de 80% dos inquiridos não foram aconselhados por conselheiros de carreira profissionais a escolher a sua área de estudo atual ou a sua área de interesse.

A maioria dos estudantes segue cegamente os irmãos, os amigos e os pais no seu percurso escolar, o que se torna a causa do fracasso do seu percurso escolar. A maioria dos estudantes não estava satisfeita com a sua área de estudo atual e enfrentava dificuldades nessa área. No entanto, 62% dos estudantes responderam que, se a escola ou a faculdade fornecessem aconselhamento profissional aos estudantes no nível básico de ensino, teriam escolhido uma área de estudo mais adequada para atingir os seus objectivos e destino futuros.

O conselheiro de carreira deve ser um profissional de aconselhamento que possua conhecimentos sobre a psicologia dos estudantes e que seja capaz de medir e identificar a personalidade de um estudante. Foi constatado que o aconselhamento de carreira pode desempenhar um papel significativo na seleção válida de carreiras educativas. Para além disso,

É essencial que a província de Punjab crie um departamento separado de orientação profissional em todos os níveis de ensino, de forma positiva, para que os estudantes possam escolher o que gostam de fazer no futuro.

Se a seleção melhor e mais formal for feita através de um aconselhamento profissional adequado, a maioria das pessoas pode contribuir para o desenvolvimento e o progresso da sociedade.

5.1. Sugestões e recomendações

O objetivo deste estudo é analisar o impacto da orientação profissional no desempenho escolar dos estudantes. Por isso, decidi fazer algumas recomendações importantes para o estudo futuro.

• Este tópico deve ser objeto de uma investigação aprofundada para determinar com maior precisão o impacto do aconselhamento de carreira no desempenho dos estudantes.

• Os meios de comunicação social têm um papel importante a desempenhar ao realçar a importância e os benefícios do aconselhamento profissional

Durante a instrução, o instrutor da disciplina pode educar os alunos sobre os atributos e extensão das diferentes profissões.

- A universidade pode organizar cursos/workshops para fornecer aos estudantes dados sobre as diferentes profissões e as capacidades necessárias para uma vocação explícita, a extensão das diferentes vocações e as suas vantagens futuras. Deste modo, os estudantes podem ser informados/actualizados sobre os dados aplicáveis ao emprego

• Diferentes empreendimentos podem ser bem-vindos nas faculdades para supervisionar o trabalho razoável nas faculdades e, ao longo destas linhas, os estudantes podem ser actualizados sobre diferentes tipos de chamadas e as suas necessidades.

• O nível de formação universitária é o nível mais significativo na vida dos estudantes; neste sentido, na hora da confirmação, o colégio pode dar um folheto ou folhetos que podem fornecer dados completos sobre os futuros limites/pontos de interesse dos cursos.

• Mais estudos sobre as necessidades de orientação vocacional dos opcionais, além disso, opcionais mais elevados, tendo em conta o facto de os subestudantes terem de fazer grandes escolhas sobre a determinação das disciplinas a um nível auxiliar mais elevado.

• Podem ser efectuadas mais investigações para explorar os efeitos da orientação profissional no desempenho dos estudantes e os efeitos da orientação profissional na satisfação profissional dos trabalhadores.

Referências

51

*Ali, S. R., & McWhirter, E. H. (2006). Rural Appalachian youth's vocational/educational

Adolescence,34(1)163 172. https://doi.org/10.1016/_j.adolescence.2009.12.010.

Bandura, A Barbaranelli, C., Caprara, G. V., & Pastorelli, C. (2001). Self-efficacy beliefs as

shapers of children' aspirations and career trajectories Child Development 72, 187-206.

Counseling Psychology 53(3) 379-385. https://doi.org/10.1037/0022-0167.53.3.379

Career Development, 102(1), 81-94.

(L.P.W, 2020)

Culver, S., Welfare, L., & Sanders, C. (2017). Aconselhamento de carreira em escolas de ensino médio: A

Study of School Counselor Self-Efficacy (Estudo da Auto-Eficácia do Orientador Escolar). The

Professional Counselor, 239.

Dondo, M.(2006).Guidance and counselling for Schools and Colleges (Orientação e

aconselhamento para escolas e colégios). Nairobi: Christian

Imprensa da Associação de Educação

Denga, H.(2004).A influência do género nas aspirações profissionais das crianças do ensino

primário no Estado de Cross River. The African Symposium, 4(2), 26-31.

Elizabeth, M. A. (2012).Factores que afectam as aspirações de carreira das raparigas; questões

emergentes e

Desafios (Teses de Mestrado não publicadas), Departamento de Educação, Universidade

Kenyatta

Fong, L. (2001, 4 de abril de 1). The improtance. *Orientação e aconselhamento de carreira na*

escola secundária de Hong Kong, 9(2019). Onttrek may monday, 2001

Foskett et al., (2008).A influência da escola na decisão de participar na aprendizagem pós-escolar

16. British Educational Research Journal, 34(1), 37-61.

Garrahy, D.A.(2001).Three third grade teachers' gender beliefs and behaviors. Journal of

Gushue, G. V. & Whitson, M. L. (2006) The relationship of ethnic identity and gender role

attitudes to the development of career choice goals among black and Latina girls Journal of

Howard, et, al. (2009).The relation of cultural context and social relationships to career

development in middle schools. Journal of Vocational Behavior, 75, 100-108.

* Hirschi, A. (2012). O modelo de recursos de carreira: um quadro integrativo para a carreira

Khan, H.Murtaza, F., & Shifa, M. D.(2012). O papel dos professores no fornecimento de

orientação educacional e de carreira para os alunos do ensino médio em Gilgit Baltistan,

Paquistão. Revista Internacional de Investigação Académica 1 (2), 85-102.

. Kisilu,J., Kimani, E., & Kombo, D. (2012). Factores que influenciam as aspirações

profissionais entre as raparigas das escolas secundárias de Nairobi, Quénia. Prime Journal, 2 (4),

244-251

* Kenny, M. E., & Bledsoe, M. (2005). Contribuições do contexto relacional para a

adaptabilidade de carreira entre adolescentes urbanos. Journal of Vocational Behavior, 66(2),

257-272. https://doi.org/10.1016/_j.jvb.2004.10.002

Luzzo, D. A., Hasper, P., Albert, K. A., Bibby, M. A., & Martinelli, E. A. J. (1999). Effects of

self-efficacy -enhancing interventions on the math/science self-efficacy and career interests,

goals, and actions of career undecided college students. Journal of Counseling Psychology

46(2), 233-243 https://doi.org/10.1037/0022-0167.46.2.233

M. Szymanski & R. P. Parker (Eds.), Work and disability: Issues and strategies in career

development and job placement (pp. 80-117). Austin, TX: PRO-ED.

Morris, T.W & Levinson E. M. (1995) Relationship between intelligence and occupational

adjustment and functioning: A literature review. Journal of Counseling and Development

73,503-514

* McWhirter, E. H., Hackett, G., & Bandalos D. L. (1998). A causal model of the

educational plans and career expectations of Mexican American high school girls Journal

of Counseling Psychology 45(2), 166-181 https://doi.org/10.1037/0022-0167.45.2.16

M. Szymanski & R. P. Parker (Eds.), Work and disability: Issues and strategies in career

development and job placement (pp. 80-117). Austin, TX: PRO-ED.

Rogers, M. E.& Creed, P. A. (2011).A longitudinal examination of adolescent career x

Szymanski, E. M., Hershenson, D. B., Enright, M. S., & Ettinger, J. M. (1996). Carreira

Shek, D.T.L., Lin, L., Ma, C.M.S., Yu, L., Leung, J.T.Y., Wu, F.K.Y., Leung, H., & Dou,

D. (2020) Percepções de adolescentes, professores e pais sobre a educação de habilidades

para a vida e habilidades para a vida em estudantes do ensino médio em Hong Kong.

Pesquisa Aplicada em Qualidade de Vida https://doi.org/10.1007/s11482-020 09848-9

Shumba,A., & Naong, M. (2012).Factores que influenciam as escolhas e aspirações de

carreira dos estudantes na África do Sul. Jornal de Ciências Sociais 33 (2), 169-178.

Szymanski, E. M. (1999). Disability, job stress, the changing nature of careers, and thè

career resilience portfolio Rehabilitation Counseling Bulletin, 42, 279-289.

WATSON, M. M. (2009, julho, sexta-feira de setembro). Política nacional de educação.

Dr. Alam Zeb, 1(2,2021)

Watts, A.G. (2013). Orientação e aconselhamento de carreira

Watson, M.,mcmahon, M., Foxcroft, C., & Els, C.(2010).Occupational aspirations of low socio-economic African children. *Journal of Career Development, 37(4),* 17-34.

Apêndice-A

<u>**QUESTIONÁRIO PARA PROFESSORES**</u>

<u>Caro professor</u>

Sou estudante de Licenciatura em Educação na Universidade Islâmica Internacional de Islamabad.

O meu tema de investigação é "O papel dos professores no aconselhamento de carreira ao nível do ensino secundário em Islamabad". Estou a recolher dados. Para o efeito, enviei um questionário.

Pode dispensar 20 minutos para o preencher? Ficarei grato pela vossa colaboração.

Com os melhores

cumprimentos

Nawaz Sharif

Académico de

licenciatura

IIUI

Nome (facultativo): Nome da escola:Sexo: leia atentamente as afirmações e assinale (V) a opção mais adequada. SIM = NÃO = ATÉ CERTO PONTO= NÃO FAÇO IDEIA :

Declaração					
O papel dos professores na orientação profissional a nível do ensino secundário em Islamabad					
Já ouviu falar em aconselhamento de carreira?					
Concorda que a orientação profissional se preocupa suficientemente com o futuro do estudante?					
Em que fase da vida académica deve ser dado aconselhamento profissional ao estudante para o seu futuro?					
Considera que a orientação profissional melhora as capacidades e competências dos estudantes?					

Pode a orientação profissional melhorar o poder mental dos estudantes?					
Concorda que a orientação profissional é a melhor disciplina para os estudantes atingirem os seus objectivos futuros?					
Considera que a orientação profissional influencia o desempenho escolar dos estudantes?					
O futuro brilhante dos estudantes depende do aconselhamento profissional?					
Foi-lhe sugerido um conselheiro quando escolheu a área de estudo atual?					
Está satisfeito com a sua área atual?					
O que acha que teria escolhido como área de estudo se tivesse sido aconselhado por um conselheiro profissional?					
Concorda que a orientação profissional torna os estudantes mais competitivos e conscientes dos seus objectivos futuros?					
O aconselhamento de carreira tem um impacto positivo na construção da carreira dos estudantes?					
Concorda que a orientação profissional permite ao estudante lidar com diferentes questões no seu percurso escolar?					
O aconselhamento em matéria de carreira pode proporcionar uma satisfatório ocupação para estudantes no futuro?					

Printed by Books on Demand GmbH, Norderstedt / Germany